CÍRCULO
DE POEMAS

Voo breve sob o sol

Ana Costa dos Santos

LÁ FORA JÁ COMEÇA O FIM DO MUNDO

O TRABALHO DOS VIVOS

CUSTOU-ME TANTO ESTA CHAMA

escuridão

voo
breve
sob
o sol

segunda escuridão

"Entre noites", Donizete Galvão

LÁ FORA JÁ COMEÇA O FIM DO MUNDO

Corações batem nos ovos.
Crescem os esqueletos dos bebês.
Das sementes brotam duas primeiras folhinhas,
e amiúde também árvores altas no horizonte.

Quem afirma que ela é onipotente
é ele mesmo a prova viva
de que onipotente ela não é.
Não há vida
que pelo menos por um momento
não tenha sido imortal.

Wisława Szymborska

Tratado inexato sobre a reprodução dos pássaros

Ocorre assim:
a fêmea choca os ovos
dia e noite — se preciso,
contra o vento, sob a chuva,
as plumas úmidas, os olhos
inocentes.

Temo que os ovos se quebrem
antes da hora, temo que dentro deles
haja pequenos pássaros
mortos,
julgo precária a arquitetura do ninho,
pressinto o cerco
das aves de rapina.

Ela espera, inabalável,
alheia ao que não seja
a fé mais pura.
Ela sabe que está no mundo
para ser um lume
sempre aceso.

E nascem os filhotes,
vivos, nus, cegos, famintos,
seus corpos são bicos abertos,
a mãe os alimenta com aquilo
que guardava em si,
num gesto repetido desde a origem
dos passeriformes.

Chegado o tempo, ela
bate as asas com alarde,
ensinando a coragem para o salto,
ensinando a ir embora
para muito longe
(os pássaros não sentem
saudade).

Todos os voos no primeiro voo,
no abrir canhestro
das asas recém-feitas.

É breve a infância dos pássaros.
Primeiro abandonam o ninho,
depois a árvore, depois se perdem
entre outros tantos,
até que não os reconheço.

Olhando o ninho vazio,
me pergunto se existiram,
como quem deixa de crer em milagres,
como quem já foi feliz
e esqueceu,
como quem se vê sozinho
ao fim da festa.

Isso é o que aprendi
em setembro.

Voo

Morto, o pássaro
está a salvo:
não há risco após a queda.

Então por que me espantam
seu sono,
seu silêncio,
o baque ao pé
da árvore, igual
ao de uma fruta
podre
qualquer,
seu corpo dissecável,
onde, buscando, eu acharia
uma garganta, um coração
quieto?

Dizem que certos pássaros
dormem voando —
este talvez
voe dormindo.

Coníferas

Um poeta me ensina que os pinheiros
doentes, prestes a morrer,
produzem mais pinhas
que os sãos.
Nuas, as árvores se cobrem
de inúmeras pinhas.

Lembro vagamente que as pinhas
são as flores dos pinheiros.
Escrevo:
"para morrer, os pinheiros se enfeitam".
Não: "os pinheiros doentes
se apressam
enquanto há tempo".
Não: "os pinheiros, morrendo,
doam-se inteiros".

Falho em transmitir
essa lição imprecisa.

Atavismo

a tristeza atravessa gerações
como receita de família
ou história não escrita
contada por séculos
aos filhos insones

é de minha decavó
este suspiro

Perigo

é nas horas de descuido
enquanto
regamos as plantas
lavamos os pratos
fazemos café
que algo nos fere
sem aviso, corta
nosso gesto ao meio

aflora à superfície uma memória
submersa
um corpo
em busca de ar

Pormenor

neste quarto
no sul deste planeta
do Sistema Solar

num ponto ínfimo
da Via Láctea
do Universo
em expansão

uma mulher
(nem jovem nem velha
nem alegre nem triste)
escreve agora
este poema

De sal

Eu sou quem se vê à distância,
uma lembrança
cada vez mais tênue,
imagem familiar
em páginas de um álbum
fechado.

Qual era mesmo a cor
de meus olhos, meu vestido?
Que horas são?

Sou Eveline à janela
ou no cais, paralisada,
a mulher de Ló
no instante
em que olhou para trás.

Contraponto

Daqui se veem
outras janelas.

Atrás da vidraça,
me espreita uma velha
de cabelos longos,
a quem nunca aceno —
é quase um espelho.

Alguém no escuro
assiste volta e meia ao mesmo filme
dos anos trinta.
Os atores mortos
sapateiam na tela.

Guardada por grades,
uma louca urra
palavras obscenas, perturba
o sossego da rua.

Seu grito: exato
contraponto
ao meu silêncio.

Ela sabe um segredo
que desconheço.
E se eu também gritasse
pela janela?

Na treva

uma a uma
acendem-se as janelas
desta parte do mundo
onde passamos

pobres lumes

Et facta est lux

só a noite existe

mas como nos iludem
estas lâmpadas
como nos ilude
a luz do sol

Meditação durante o blecaute

Um vento forte apagou a cidade.
Meu coração
bate
no centro da noite.
Tateio no escuro
em busca de sono
ou de luz.

Velhas feras me espreitam,
prestes ao ataque.
Meu coração
é presa fácil,
as feras ouvem-no de longe,
sentem seu cheiro
de coisa viva

("sim, *do coração*",
disse no sonho a cigana,
lendo a morte em minha mão).

Ou:
a noite é uma corda bamba
em que caminho, uma corda longa,
estendida
entre a lua e o sol.
Tenho os olhos fechados, tropeço,
caem no abismo trevoso
a sombrinha e o broche
que eu usava no peito
como um alvo.

Com sorte, o sol desfaz
feras e abismo,
com sorte, se esperarmos, amanhece
outra vez.

Metáforas

meu medo
é um cão latindo
no meio da noite
um osso doendo
antes da chuva

Negação

Não descerei ao porão.
No porão é sempre noite,
os maus sonhos persistem
na vigília,
e os rádios repetem
as piores notícias.

Não descerei ao porão,
onde trabalham ratos
conhecidos,
onde traças devoram
minhas roupas de antes,
onde há uma fera
enjaulada,
uma bomba-relógio.

Do porão não se ouve
meu grito, e posso
morrer sozinha.
No porão é impossível
respirar,
o pó recobre as coisas
que ninguém quis,
as teias envolvem
o espelho em que me vi
menina.

O porão cheira mal
como um rio turvo

onde os que amo
afundam.
Não descerei,
ficarei aqui, ao sol escasso,
ou tremendo
no topo da escada,
lanterna acesa na mão.

Métodos

inventar
no dilúvio
um escafandro

✷

cantar
a plenos pulmões
num teatro vazio

✷

escrever
enquanto espero
um poema infindo

Solo

já não durmo: toda noite
minha janela é um farol absurdo
e a lua é quase
um objeto doméstico

mas alguém sonha em mim
talvez uma menina
vinda de quando sabíamos
que dia é hoje, que horas são
de quando não nos afogávamos
em terra firme
sob os olhos de abutres
ao som do anticanto das sirenes

há esta nova forma de morrer
há o que fica
e o que nasce enquanto
reaprendo o sentido
de nunca mais

corações batem nos ovos
escreveu Wisława
sobre as derrotas da morte
corações param de bater
corações são perecíveis
escrevo agora, em pânico
faço o que posso para guardá-los
do nunca mais
o que posso não basta

e ovos goram, corpos vivos tornam-se
imagens indistintas na memória
rastros
levando a nada

salvam-me as delicadezas
o pequeno mar nas conchas
a companhia dos pássaros
minha crença intermitente
em anjos, o suposto
peso da alma:
vinte e um gramas

salva-me a existência de uma planta
que vive cem anos e floresce
uma única vez
para morrer em seguida
salva-me essa ideia de
floração
como último suspiro
como esforço de vida

Plano de fuga

Envelheço nesta casa, nesta torre,
ninguém virá subir por minhas tranças,
não irei a baile algum.

Em vão eu grito, lanço cartas
pela janela.
Lá fora já começa o fim do mundo
e me protege
este casulo eterno
que não gesta asas.

Tenho falado com pássaros,
em certos dias
chego a ser um deles:
o pássaro chocando ovos gorados,
o pássaro morto no chão,
o pássaro vivo
incapaz de voar.

Ser a que parte, não a que espera,
mas partir para onde,
levar a qual manhã
meus olhos
afeitos à treva?

Volta

fui quase feliz
na roda-gigante
da cidade-fantasma

Variações sobre a ausência

I
A certas horas, um corpo
ausente habita
todos os cômodos.

II
Resta abrir a janela,
apagar do vidro
as marcas de outros dedos,
aceitar o pássaro
que me coube
(morto
no parapeito).

III
Não preciso escavar
o chão da casa:
nenhum resto soterrado.
Os fósseis estão expostos,
há sobras quentes
nas xícaras, e tua voz
(cantando)
ressoa na sala.

IV
Quem vem lá? Que horas são?
O carteiro me entrega embrulhos
vermelhos,
novos pássaros me visitam,
sozinha, aprendo seus nomes:

cardeal,
asa-de-telha,
sanhaço-papa-laranja,
gaturamo-verdadeiro.

Eles procuram
teu endereço.

V

Estamos sob o mesmo céu,
os clarões nos unem
no mesmo medo.

Me dá tua mão,
vamos juntos às chuvas
da infância,

antes que eu esqueça,
antes que eu esqueça.

VI

Nas ruínas da casa,
brotam flores novas,
um pássaro raro
construiu seu ninho.

Nada desmorona
de todo.

VII

O que vivemos está bem guardado,
não como as fotos antigas,

ou os versos
que sabemos de cor,
mas como o filme nunca revelado,
a canção não ouvida,
algo brilhando, brilhando
no escuro.

Está guardado como a música
numa caixinha:
eu giro o mecanismo dourado
e vivemos tudo
outra vez.

A redoma de vidro

Deixei passar a estação dos figos
roxos, gordos, prontos
para a mordida.
Nem vi que apodreciam.

Penso no castigo
da figueira bíblica:
sequidão total.
Condenada a nunca mais dar frutos
apenas porque ainda
não dera frutos.

Me ajuda a resolver essa impossível
equação de tempo e figos.
Não quero
morrer de fome, Sylvia.

Clareiras

Nem sempre a espera, mas o gesto
— a um só tempo delicado
e violento —
de abrir clareiras
na página, em sua
floresta densa. O mero movimento
de abrir espaço

para luz e treva,
pouso e voo,
sim e não,

um primeiro golpe,
um primeiro traço
a lápis, trêmulo.
Assim adentro
meu poema.

O TRABALHO DOS VIVOS

[...] *Quero saber*
o nome de quem morre: o vestido de ar
ardendo, os pés em movimento no meio
do meu coração.

Herberto Helder

Herança

o vestido da avó
no varal é prova
de vida o vento
roça o vestido verga
a rosa sua flor
favorita a avó
não se verga
                    quer
um vestido novo uma rosa
nova a avó
                    viva
traz em si três
outros avós o que
falava de
barbuletas a que
usava
dedais o que
errava de
cais em cais
a sua herança:
partos mortes
um jardim tomado
pelo mato a mágoa
das mulheres que remendam
rasgos alguma bússola
e a imagem desse
vestido róseo
que o vento roça
indiferente
                    eternamente

1289

a bênção, vó
há dias te procuro
a rua tem outro nome
a casa tem outra cor
teus olhos mudaram

vó, sou este vulto
chego tarde para vermos
juntas
o rio, as rosas, a lua
o pássaro de plumas
vermelhas
"a coisa mais bonita"
o branco das paredes
avesso
ao azul da memória

a noite, vó
sempre tão longa
sempre tão grande
ainda cresce

Em teus olhos

atrás do véu branco atrás
dessa névoa atrás
da nódoa leitosa
creio ter visto
— o cardeal, a rosa —
um resto de vermelho

Frágil

não gritem
que um grito pode
transpassá-la
feri-la de morte

Vozes

ouço a canção
que ela quer cantar
e não pode
como adivinho
a palavra presa
na garganta do pássaro

O fim e o princípio

bem disse Mariquinha:
a vida é como as luzes

quando chega a hora
adeus
ficamos no escuro

O trabalho dos vivos

Aos poucos, conjugamos
os verbos no passado
e saímos ao sol no dia dos mortos
sem qualquer pudor.

Os mortos acenam de um portão
enquanto partimos (somos nós
que partimos) —
menos nítidos, mais distantes
cada vez que olhamos
para trás.

Os mortos sofrem, pedem:
"não nos esqueçam".
E seguem acenando do portão
de sua casa, anos a fio,
dentro da mesma noite.
Têm olhos graves,
mas amoráveis.

Voltar à casa dos mortos
de quando em quando,
acender a luz do alpendre
para que não sintam medo:
eis o trabalho dos vivos.

Dois medos

Minha avó temia o rio
e a morte.
A cada chuva,
o rio
dobrando a esquina,
o rio perto
do portão.

Ouvia atenta
os cálculos no rádio, a previsão
do tempo.
Quantos dias até que a água
tomasse a casa,
levando tudo?

Morreu
na manhã de um domingo
de céu claro, sonhando
que o rio chegava
antes.

Nada

foram pequenos
seus últimos desejos
surdas
as últimas palavras

um pastel de carne
sorvete de morango
pêssegos em calda

depois, o aceno
negativo
com a cabeça

não quero mais nada
não preciso de
nada

Utsuroi

ela suspensa
entre a vida e a morte:
o momento
em que a flor vai murchar

Causa mortis

no coração, nos pulmões
no estômago
todo um roseiral

Viagem

Agora chove sempre
e à noite sou eu
quem teme os trovões.

Agora faz sempre frio.
Sento-me em tua cadeira
ao pé do fogão a lenha,
mas é preciso redescobrir
o fogo, é impossível
redescobri-lo.

Ponho em tua mala
muito antiga:
o relógio da cozinha,
o vestido que secava
no varal,
as últimas rosas.

Como levarei
mala tão pesada
sozinha?

Longa distância

Aos sábados, perguntava
se aqui chovia, mandava-me,
com esforço,
um abraço, um beijo, uma bênção,
ou seja,
todo o seu amor.

Seu nome na tela é como um sonho
breve
em que ela é forte
e vive, não me atrevo
a apagá-lo, não me atrevo
a dizê-lo

(aos sábados,
na fronteira oeste,
um telefone chama
incessantemente).

Que é feito de seu nome,
de seu corpo,
de sua história comprida,
da voz reconhecível entre mil,
dissipada agora
entre mil?

Guardo num lugar seguro,
além do meu nome,
além do meu corpo
e da minha história,
todo aquele amor.

Nomenclatura

batizo com teu nome
todas as flores
sem nome

Enfim o vento

Não toquem a cadeira
vazia de quem morreu,
o vestido ainda quente,
os sapatos, o guarda-chuva
a postos de quem morreu.

Não toquem os cadernos arruinados
pela enchente de quem morreu,
os seus barcos de papel.
Sobretudo não toquem as orquídeas,
as rosas morrendo
no quintal de quem morreu.

Não toquem as rezas,
o riso, a cantiga de roda
de quem morreu.
Deixem tudo como está,
revestindo-se
do pó definitivo,
até que o vento (enfim o vento)
volte a soprar.

CUSTOU-ME TANTO ESTA CHAMA

[...] *é preciso cerca de cinco mil vaga-lumes para produzir uma luz equivalente à de uma única vela.*

Georges Didi-Huberman

À custa de incontáveis perdas — um poeminha, um suspiro.
Ao chamado ruidoso respondo com um sussurro.
O quanto silencio, isso não direi.

Wisława Szymborska

Uma árvore

As aves todas, mesmo as de rapina,
acharam novos usos para ela,
desmembraram-na,
levaram nos bicos
pedaços
de seus galhos secos,
seu corpo morto,
coberto do que um dia julguei ser
uma fina camada
de neve,
mas era apenas
outro tipo de frio
(e não, não é inverno,
não é
sequer outono
aqui).

Pedaços bons
o bastante
para a construção de ninhos,
longe.

E eu, que pensei ter visto novos verdes,
vi-a tombar
numa noite sem vento,
vi,
no tronco enfim serrado, nos anéis
marcando o tempo,
no menor deles, o da infância,

nenhuma seiva,
vi-a ceder
espaço
ao que no chão se agita
querendo nascer.

À memória de Andrei Tarkóvski, com esperança e fé

Se uma criança rega
uma árvore seca
à mesma hora
dia após dia
esperando que volte à vida
e floresça
pouco importa
que jamais volte à vida
e jamais floresça.

Uma criança rega
uma árvore seca
à mesma hora
dia após dia.
Eis o milagre.

Flor-de-abril

A árvore que amamos
— aquela de flores
solitárias,
plantada firmemente
no Jardim Botânico —
é ideal (aprendi)
para a construção de navios:
nasceu predestinada
ao alto-mar.

✷

Escrever, você disse, é uma âncora.
Mas pode ser também um grande barco
navegando
com as luzes acesas. Não o triste barco
de Alejandra, rumo ao nada —
um barco deste mundo, que talvez
nos leve para casa.

Apresentação

à memória de Arthur Bispo do Rosário

Salva-me, Bispo.
Borda meu nome
em teu manto sagrado.

Torna tudo o que tenho
em palavras.

Kintsugi

para Felipe Neiva

E se bastasse o sol
para emendar os cacos?
E se bastasse
abrigar um deus no corpo,
riscar do poema a palavra
"devastação",
no lugar dela, escrever
"a bicicleta verde e firme",
"a manga quase rosa na fruteira"?
Ou falar
como salvação (dos tipos de fogo,
das mortes no reino
vegetal), correr sem rumo,
longe daqui, perto do mar,
as fendas todas
abertas?

Salvação

Custou-me tanto esta chama.
São cinco mil
vaga-lumes vivos.
Não me distraias: preciso
levar ao outro lado
a vela acesa.

Anotação para um poema não escrito

Viajamos no vácuo.
A criança que fui inventa uma língua.
Ela chama, um a um,
os seres do mundo
e povoa o caminho.

Definição de amor

Ao fim de trinta anos,
Agnès Varda
filmou de perto
a pele
de Jacques Demy,
que morreria em breve.
A pele
de Jacques Demy
era o chão de um planeta
quase extinto.

Amuletos

As palavras que me deste
— peixe, lume —,
levo-as nos bolsos:
de um lado, um rio,
do outro, o sol.

Fala da mariposa

Com tua luz, deixo que firas
meus olhos, minhas asas.
Mas não alcanças
meu coração opaco.

Poema noturno

Acendo a luz para te ouvir melhor.
E nem preciso da manhã
neste entretempo
em que me distrais
do medo,
em que me distrais
da morte.

Et là, précisément, sous mon oreille

mas resta um ponto, intacto
aonde a morte não chega
miolo, cerne
centro obscuro, teu coração
enquanto sonhas
batendo sem medo
batendo

Sóis

Entre bilhões de rostos,
uns poucos
que meu amor
(tão humano,
tão precário)
transfigura.

Punctum

Recebo fotos pouco nítidas,
às vezes tortas,
de roseiras florindo,
pedaços de nuvens,
luzes de Natal,
um inseto alado,
velhos cães,
bolinhos de chuva,
meu pai, alegre,
sob as laranjas do pé,
no quintal
onde também se sofre.

É amor o que recebo,
do tipo que mais punge:
imperfeito.

A extinção dos vaga-lumes

Só nas noites da infância
vaga-lumes existiam.
Só na memória
aquelas luzes mínimas pulsando
num código amoroso, decifrável.

Vaga-lumes não se lançam
ao nosso fogo: são o próprio fogo.
Quanto mais noite, mais fogo.
E era de perto que eu os via
queimar
no breu perfeito
do jardim da avó
(o vidro vazio
que herdei de meu pai
esquecido entre as mãos).

Os vaga-lumes:
coisas perdidas, coisas
de muito longe, muito antes.
Nem sequer desejo
revê-los. Basta supor
que ainda vivem,
como tudo o que brilha
e prescinde
dos meus olhos.

Em meio a isso tudo, a alegria

I
nas noites de tempestade
acendíamos velas
e um pássaro de sombra voejava
pela casa
ora debatendo-se
contra as paredes
ora cantando

II
meu pai teme voar
meu pai jamais voou
mas passou horas no aeroporto
olhando as decolagens
apontou entusiasmado
para os rastros
de aviões a jato

meu pai tem a cabeça
nas nuvens

III
as laranjas moviam-se no ar
orbitando teu rosto
eu brincava com palavras novas
(malabares, malabarista, alegria)
e sequer ousava
respirar

se uma laranja caísse
o mundo acabaria

IV

em criança, eu caminhava
de olhos fechados
e tu
me desviavas das pedras
me suspendias
sobre as poças

não me avisaste
deste abismo

V

tantos anos buscando em dicionários
emprestados
as palavras certas
para escrever a história
e elas já estavam
em mim:

eu não sabia contar o tempo
eu tinha medo do escuro
meu pai fabricava
relógios de luz

Ilusionismo

era nada o que havia na cartola
e o mágico saiu envergonhado
pela porta
para nunca mais

a infância era um truque
barato, a vida
é um truque barato
entanto esperas
flores, coelhos, aves súbitas —
o fôlego suspenso, os olhos
ainda crédulos

Não há terra à vista

à memória de vô Amaro e de Charles Simic

Tenho o olhar daquele
que em alto-mar
remava
o menor dos barcos.

A uma gata

Amo este bicho
porque não sabe que passa
e brinca descuidado pela casa,
ocupado em viver.

Só a inocência
nos torna eternos.

Bíblico

Na fila do abrigo,
o homem que tem quase nada
reparte um pacote
de doces
com outros homens
que têm quase nada.

Refaz-se o milagre
da multiplicação.

Aceno

Às vezes fico muito lúcida
e entendo que é minha
(só pode ser minha)
a mão em negativo
cingida de vermelho
na gruta de Chauvet.

Las señales

para Ángela Cuartas

era uma casa esquecida
tomada por
mato e poeira

habitei-a

sob as ervas daninhas
que arranquei uma a uma
com as mãos
achei rosas temporãs
e um anjo
ainda vivo

Nada, nadador

atravesso este dia como quem
atravessasse um rio
perigoso

recordo a meio caminho
que não sei nadar

A cada mil

ocorre que em dias tristes
eu faça pássaros
com minhas próprias mãos

mil *tsurus* (mil lágrimas)
e nenhum milagre

À maneira de Bagheri

Saí resoluta
ao encontro da noite
e volto para casa
luzindo,
meu cesto repleto
de sol e de amoras.

O VENTO TEM MUITOS NOMES

El sol sobre la piel, su dicha humilde,
y esta lucha obstinada, la derrota
que me lleva a escribir
el sol sobre la piel, su dicha humilde,
me justifican.

"Las palabras y las cosas",
Piedad Bonnett

Uma poética

A vida dos lepidópteros,
a solidão dos astronautas,
os guarda-chuvas quebrados depois da tempestade,
um sem-teto estendendo roupas ao sol,
a hora do almoço dos operários,
os erros ortográficos nas cartas de amor,
as fotos dos desaparecidos,
os peixes sufocados.

As coisas perdidas ou deixadas a um canto,
o primeiro cão, a primeira morte,
as casinhas à beira da estrada
e quem dorme dentro delas,
as abóboras que não viraram carruagens douradas,
as últimas palavras de pessoas comuns,
a última dança de Kazuo Ohno,
a canção mais triste de Sérgio Sampaio.

A paz dos amnésicos e dos recém-nascidos,
meu destino nas cartas de tarô,
cada sístole e diástole,
o fato de dizermos sempre "até amanhã"
ou "parece que foi ontem",
o susto dos telefones tocando fora de hora,
o milagre de chegarmos quase intactos à noite,
as aves-do-paraíso apaixonadas,
tudo o que escrevo quando tentava escrever outra coisa
e tudo o que jamais caberá neste poema.

Atacama

pensando em Nostalgia da luz

Sob as constelações,
elas cavam a areia
em busca de outras
constelações:
lascas, ossos
esparsos, pedaços
de homens que amaram.

Ainda no sapato, avulso,
o pé de Alfonso.
Este crânio
só pode ser de Hernán —
a mesma falha
entre os dentes da frente.

Há tantas vértebras
sem o calor de um nome,
tantos nomes sem vértebras.

Elas, também de osso,
exaustas, seguem:
a lepra do Chile,
a mancha no deserto.
Elas se lembram.

Tudo o mais se esconde
na noite insondável do chão,

avessa aos telescópios,
tudo o mais é pó
e cálcio, brilho de agulha
em palheiro, vontade alheia
feita na terra
como no céu.

Ouvindo Elomar

Não tenho junhos
nem sertões.

Aqui há menos
fogueiras, quase
nenhum balão,
faz frio demais
para os terreiros.

Me fecho atrás
de altas janelas,
não brinco, não canto,
não rodo o baião.

Mas também tem um bicho
rueno
rueno
o meu coração.

Poema escrito à sombra de Adélia

Em Minas mora a explicação de tudo,
nalgum ponto
entre Itabira e Cordisburgo.
Na praça de Divinópolis,
um velho assovia, lava os sapatos,
apara a barba e as unhas dos pés,
arranca, descalço, as ervas daninhas
do canteiro de begônias.
Nem pensa neste verso sálmico:
"Porque se lembrou de que eram de carne, vento que
[passa e não volta".
Tão bom ser desimportante.
Os bustos dos homens ilustres
são as latrinas dos pombos.
"Viver pra quê? Ora, pra isto",
disse, com um gesto largo,
a moça que já morreu.
Queria agora a chegada de um santo
ou de um príncipe,
mas serve o tocador de realejo
pra eu rodar meu vestido de cambraia.
Meu sonho é mais um
no fundo da fonte, mais uma
moedinha opaca. Que importa?
Vou juntar umas achas e acendê-las
aqui mesmo, pra espantar o medo.
Jonathan não existe,
há décadas o espero no coreto,
meu penteado em desalinho.

Jamais serei salva.
As begônias medram
à revelia de mim.

Chiaroscuro

Da infância, resta o medo
do escuro, o apego
às coisas claras:

a lâmpada sempre acesa
(com mil asas crestadas);
lá fora, a lua,
cometas que nunca vi

e, enfim, o sol
em meio à insônia,
adormecendo
os fantasmas da casa.

Ciranda

A infância
é um enxoval em caixas,
leite derramado, o dente
lançado nas telhas,
as sobras do bolo,
a vela apagada, a cicatriz
no joelho.

(Antes da chuva,
chamavam alto
meu nome da janela.)

O circo jamais veio,
o parque era mais parque
à noite, ao longe —
uma tarde, ao pé
da roda-gigante, enfim aprendi
meu tamanho no mundo
e chorei.

A infância é uma sopa
de letrinhas, as palavras
formadas no prato:
mãe nuvem sol
casa flor árvore dia.
A infância é essa
sopa,
hoje tão fria.

Luneta

O espaço embaralha o tempo
ou vice-versa.
Uma estrela está sempre
no passado, como
poema em livro,
retrato em álbum,
canção em disco.
Uma estrela talvez
me preceda em milênios,
mas seu brilho e eu
coexistimos.
Também há milênios
(conta Galeano),
um poeta chinês
escreveu sobre um pastor
de cabras: mesmo
muito longe da mulher
amada, ele ouvia o rumor
do pente em seus cabelos.
Gelman sentia
(conta Galeano)
que seus contemporâneos
não eram os homens
de seu tempo, e sim
essa mulher,
esse pastor,
esse chinês.
Eu sinto
que meus contemporâneos
são retratos estrelas canções poemas
muito antigos.

Coração

Favor não confundi-lo com legume
ou fruto avermelhado, nem tomá-lo
por carne de terceira, crua, exposta,
ou flor aberta em pétalas espessas,
embora possa, podre, chamar moscas,
embora possa ser cortado em postas,
portar espinhos, como os de uma rosa.

Mas atentar ao seu labor de máquina,
às explosões de bomba, às quatro câmaras
úteis — não à finíssima membrana,
às invasões do sangue, ao peso em gramas,
mínimo, no ponteiro da balança,
às dimensões de punho, mão fechada
batendo a alguma porta, até que cansa.

Paderborn

Numa noite improvável da Alemanha,
andei de carrossel e ninguém soube.
Os planetas giravam displicentes,
os anéis de Saturno se mostravam.

Eu não pude narrar naquele idioma
— ou em outros — o quanto fui feliz
ali, em meio à fauna luminosa,
fugaz, precisamente sob o zênite.

Foi num mês deste século; esta fábula
ficou no bolso azul de um sobretudo:
"Vinte e três de dezembro em Paderborn".

Faz de conta que tive tais vertigens
que eu hoje rodopio pelos parques
toda noite — e que sou quase volátil.

Horaciano

De nada servem cálculos ou rezas.
Melhor não saber quando
nem como
nem se haverá
outro agosto.
Haverá outro agosto?

Não fala de esperança — o tempo é surdo.
Colhe o dia
como quem colhe
a feia flor no asfalto,
resgata, se preciso, dentre escombros,
o corpo vivo
de mais um dia.

Remoinho

O vento tem muitos nomes.
Na infância, é minuano.
"Há anos não faz um *agosto*",
mas a criança
deixada à nossa porta
sente frio.
Não sei abrir a porta.

Serra pra lá, serra pra cá,
e o vento velho
soprando.

"Se puder, lembra de mim
de vez em quando."
E se eu morrer antes de acordar,
me perdoa, me perdoa.

Por culpa da luz elétrica,
um pássaro atrasa meu sono.
Passarinho, me conta, então, me diz
por que que eu também não fui feliz…

(Andorinha, passei
o dia à toa, a vida à toa,
esperando a chuva
que não veio,
insistindo em vão
num poema ruim.)

Pouco floresce, dizias,
na terra em que plantamos
a chave da casa e nossas
certidões de nascimento.

O amor veio e comeu todos os papéis
onde eu escrevera meu nome.

Jamais revi aquele
retrato tão antigo,
vento em meu cabelo,
tua letra a lápis
no verso:
"Inverno de um ano qualquer".

Lamentando o eterno movimento dos barcos

lancei no lago meus botões de pérola
ou melhor
meus olhos
falávamos sobre o tempo
calávamos sobre o tempo
não chovia
teu rosto sob a luz ainda nova
embora houvesse
pesadelos insônia
a peçonha dos bichos
gotejando no escuro
a corda também serve para a fuga
pela janela
numa terra estrangeira
a velha com meu nome
passa a linha pelo fundo
da agulha me costura
e descostura
amanhã
traças correrão
livres
pelo armário fechado
as bocas cheias
de cetim azul

Circense

Em pernas de pau,
caminha. E segue sozinha
contra o vendaval.

Notas de leitura

Notas de leitura

DIREÇÃO EDITORIAL Fernanda Diamant e Rita Mattar
COORDENAÇÃO DA COLEÇÃO E EDIÇÃO Tarso de Melo
COORDENAÇÃO EDITORIAL Juliana de A. Rodrigues
ASSISTENTE EDITORIAL Rodrigo Sampaio
REVISÃO Eduardo Russo
DIRETORA DE ARTE Julia Monteiro
PROJETO GRÁFICO Alles Blau
EDITORAÇÃO ELETRÔNICA Página Viva

FSC
www.fsc.org
MISTO
Papel | Apoiando o manejo florestal responsável
FSC® C011095

A marca FSC® é a garantia de que a madeira utilizada na fabricação do papel deste livro provém de florestas gerenciadas de maneira ambientalmente correta, socialmente justa e economicamente viável e de outras fontes de origem controlada.

ipsis

CIP-BRASIL. CATALOGAÇÃO NA PUBLICAÇÃO
SINDICATO NACIONAL DOS EDITORES DE LIVROS, RJ

S233v

Santos, Ana Costa dos
Voo breve sob o sol / Ana Costa dos Santos. — 1. ed. — São Paulo : Círculo de Poemas, 2025.

ISBN: 978-65-6139-082-8

1. Poesia brasileira. I. Título.

CDD: B869.1
25-97767.0 CDU: 82-1(81)

Meri Gleice Rodrigues de Souza — Bibliotecária — CRB-7/6439

circulodepoemas.com.br
fosforoeditora.com.br

Editora Fósforo
Rua 24 de Maio, 270/276, 10º andar
01041-001 — São Paulo/SP — Brasil

CÍRCULO DE POEMAS

O **Círculo de Poemas** é a coleção de poesia da Editora Fósforo que também funciona como clube de assinaturas. Seu catálogo é composto por grandes autores brasileiros e estrangeiros, contemporâneos e clássicos, além de novas vozes e resgates de obras importantes. Os assinantes do clube recebem dois livros por mês — e dão um apoio fundamental para a coleção. Veja nossos últimos lançamentos:

LIVROS

A água veio do Sol, disse o breu. Marcelo Ariel.

Poemas em coletânea. Jon Fosse (trad. Leonardo Pinto Silva).

Destinatário desconhecido: uma antologia poética (1957-2023). Hans Magnus Enzensberger (trad. Daniel Arelli).

O dia. Mailson Furtado.

O Kit de Sobrevivência do Descobridor Português no Mundo Anticolonial. Patrícia Lino.

Se o mundo e o amor fossem jovens. Stephen Sexton (trad. Ana Guadalupe).

Quimera. Prisca Agustoni.

Sílex. Eliane Marques.

As luzes. Ben Lerner (trad. Maria Cecilia Brandi).

A extração dos dias: poesia 1984-2005. Claudia Roquette-Pinto.

Noite devorada. Mar Becker.

Por isso as papoulas. Andreev Veiga.

PLAQUETES

blue dream. Sabrinna Alento Mourão.

E depois também. João Bandeira.

Soneto, a exceção à regra. André Capilé e Paulo Henriques Britto.

Inferninho. Natasha Felix.

Cacto na boca. Gianni Gianni.

O clarão das frestas: dez lições de haicai encontradas na rua. Felipe Moreno.

Mostra monstra. Angélica Freitas.

é perigoso deixar as mãos livres. Isabela Bosi.

A língua nômade. Diogo Cardoso.

Dois carcarás. Leandro Durazzo.

Muchacho e outros poemas. Rodrigo Lobo Damasceno.

As cidades. Caetano W. Galindo.

CÍRCULO
DE POEMAS

Este livro foi composto em GT Alpina e
GT Flexa e impresso pela gráfica Ipsis
em maio de 2025. Buscando as palavras
certas e elas já estavam em mim.